chocolat

Direction de la publication : Isabelle Jeuge-Maynart & Ghislaine Stora
Direction éditoriale : Catherine Maillet
Édition : Julie Tallet,
assistée de Amandine Brouard
Direction artistique : Emmanuel Chaspoul
Conception graphique : Anna Bardon
Mise en page : Les PAOistes
Couverture : Emmanuel Chaspoul, assisté par Les PAOistes
Fabrication : Vincent Hutton

ISBN : 978-2-03-589059-7

Les meilleures recettes

Audrey Cosson
Photographies de Maxime de Bollivier

LAROUSSE
21 rue du Montparnasse 75283 Paris Cedex 06

Sommaire

Introduction

Si nous avons tous dévoré dans notre enfance les mythiques Goûters Fourrés BN®, il est aujourd'hui temps de les réinventer dans de savoureuses recettes !

Né en 1933, ce biscuit emblématique de la Biscuiterie Nantaise composé de deux « Casse-Croûte BN » fourrés au chocolat est déjà presque centenaire.

Qu'il soit au chocolat, à la vanille, à la fraise, ou même Mini, il s'inscrit dans l'histoire personnelle de chacun d'entre nous : après avoir accompagné nos goûters d'enfance, nous glissons à notre tour ce biscuit dans les cartables de nos bambins sur le chemin de l'école.

Ce livre est donc l'occasion de réunir petits et grands gourmands autour de desserts composés de ce biscuit inégalable. Que ce soit pour faire plaisir à vos enfants qui seront ravis de retrouver leur biscuit préféré, ou pour vous-même qui avez envie d'un peu de douceur régressive… vous trouverez dans cet ouvrage 25 recettes délicieuses et ludiques.

Au moment du goûter, au dessert ou au petit-déjeuner, toutes les occasions sont bonnes pour redécouvrir le Goûter Fourré BN® dans tous ses états et pour le plus grand plaisir des papilles de toute la famille !

Banoffees aux BN vanille et à la confiture de lait

[Pour 4 banoffees • Préparation : 25 min • Cuisson : 15 min • Repos : 2 ou 3 h]

1 boîte de lait concentré sucré • 2 bananes bien mûres • 20 cl de crème liquide entière bien froide • cacao en poudre • **Pour la base :** 10 Goûters Fourrés BN® goût vanille • 70 g de beurre

1. Préparez la confiture de lait. Déposez la boîte de lait concentré sucré fermée dans le fond d'une cocotte minute. Recouvrez d'eau, fermez le couvercle de la cocotte et faites chauffer à feu vif. Comptez 35 min à partir des premiers sifflements puis enlevez la cocotte du feu et laissez refroidir. Ouvrez la boîte de lait concentré lorsqu'elle a refroidi et réservez. **2.** Préchauffez le four à 180 °C (therm. 6). Beurrez et tapissez de papier sulfurisé 4 moules à manqué de 12 cm de diamètre. **3.** Préparez la base. À l'aide d'un robot, mixez les BN pour les réduire en miettes. Faites fondre le beurre dans une petite casserole. Mélangez les miettes de BN et le beurre et répartissez cette pâte dans les moules. Tassez bien, puis enfournez pour 15 min. **4.** Démoulez les fonds de pâte une fois refroidis. Coupez les bananes en fines rondelles et tapissez-en les fonds de pâte. Recouvrez d'une couche généreuse de confiture de lait. Juste avant de servir, fouettez la crème en chantilly bien ferme et nappez-en chaque banoffee à l'aide d'une poche à douille. Saupoudrez enfin de cacao.

Tarte à la crème de framboises et aux BN vanille

[Pour 6 à 8 parts • Préparation : 15 min • Cuisson : 20 min • Réfrigération : 2 h 30]

Pour la pâte : 12 Goûters Fourrés BN® goût vanille • 200 g de farine • 35 g de sucre en poudre • 1 pincée de sel • 120 g de beurre + 10 g de beurre pour le moule • 1 œuf • Pour la crème de framboise : 300 g de framboises fraîches ou surgelées • 200 g de sucre en poudre • 1 c. à soupe de fécule de maïs • 4 œufs • Pour la décoration : petites meringues toutes prêtes

1. Préparez la pâte. Mixez les BN à l'aide d'un robot. Placez ces miettes dans un saladier avec la farine, le sucre en poudre, le sel et le beurre coupé en petits morceaux. Malaxez jusqu'à obtenir une consistance sablée. Ajoutez l'œuf et mélangez pour obtenir une pâte bien lisse. Formez une boule, enveloppez-la de film alimentaire et placez-la au réfrigérateur pour 1 h. **2.** Préchauffez le four à 180 °C (therm. 6). Étalez la pâte et garnissez-en un moule à tarte beurré et fariné, puis enfournez pour 20 min. **3.** Pendant ce temps, préparez la crème de framboise. À l'aide d'un robot, mixez les framboises avec le sucre. Faites chauffer ce mélange à feu moyen dans une casserole. Ajoutez la fécule de maïs et les œufs et battez sans arrêt à l'aide d'un fouet jusqu'à épaississement de la crème. Versez sur le fond de tarte et placez au frais pour 2 h. **4.** Au moment de servir, parsemez de petites meringues.

Petites bûches aux « Choco BN » et à l'orange

[Pour 4 petites bûches • Préparation : 25 min • Cuisson : 10 min • Réfrigération : 2 h]

Pour la mousse : 1 feuille de gélatine • 200 g de chocolat au lait • 200 g de crème liquide entière bien froide • Pour la base : le jus de 2 oranges • 3 c. à soupe de cassonade • 4 Goûters Fourrés BN® goût chocolat • Pour le glaçage : 2 feuilles de gélatine • 100 g de sucre • 7 cl de crème liquide entière • 30 g de cacao en poudre • boules croquantes de chocolat

1. Beurrez une gouttière à bûche de 6 cm de diamètre sur 35 cm de longueur. Tapissez le fond de papier sulfurisé. **2.** Préparez la mousse. Plongez la gélatine dans un bol d'eau. Faites fondre le chocolat au bain-marie. Pendant ce temps, fouettez la crème en chantilly bien ferme. Ajoutez la gélatine essorée au chocolat chaud et remuez bien, puis incorporez délicatement la chantilly et versez le tout au fond de la gouttière. Lissez la surface. **3.** Préparez la base. Faites bouillir le jus d'orange et la cassonade pendant 5 min pour obtenir un sirop. Laissez refroidir et imbibez-en légèrement chaque BN. Posez les BN sur la mousse en laissant un écart entre chaque. Placez au moins 2 h au frais. **4.** Démoulez et découpez entre chaque BN pour former 4 petites bûches. **5.** Avant de servir, préparez le glaçage. Plongez la gélatine dans un bol d'eau. Dans une casserole, chauffez 8 cl d'eau et le sucre. Dès l'ébullition, incorporez la crème et la gélatine essorée. Ajoutez le cacao en fouettant. Versez le glaçage sur les bûches et décorez avec les boules de chocolat.

Tiramisu au latte macchiatto et aux Mini BN chocolat

[Pour 6 verrines • Préparation : 10 min • Réfrigération : 2 h]

20 cl de lait • 1 expresso • 15 Goûters Fourrés Mini BN® goût chocolat • 1 œuf • 100 g de sucre en poudre • 250 g de mascarpone à température ambiante • 2 c. soupe de cacao en poudre

1. Dans un bol, battez vivement le lait à l'aide d'un fouet, jusqu'à ce qu'il mousse, puis ajoutez l'espresso. Déposez 12 Mini BN dans une assiette creuse et versez un peu de ce latte macchiatto sur les deux faces de chaque biscuit. Veillez à ne pas trop imbiber les BN. Déposez 1 Mini BN imbibé dans le fond de six verrines. **2.** Dans un saladier, fouettez vivement l'œuf et le sucre en poudre jusqu'à ce que le mélange blanchisse. Ajoutez le mascarpone et continuez de fouetter pour obtenir une crème homogène. Répartissez la moitié de cette préparation dans les verrines. Déposez le reste des Mini BN imbibés dans les verres et recouvrez avec le reste de crème. **3.** Mixez les Mini BN restants à l'aide d'un robot et mélangez les miettes obtenues avec le cacao en poudre. Saupoudrez chaque verrine de ce mélange et placez-les au réfrigérateur pour 2 h.

Astuce : Sans battre le blanc d'œuf en neige, ce tiramisu est à la fois bien crémeux et ultra-simple à préparer !

Barres chocolatées aux BN chocolat-noisette et au pralin

[Pour 6 à 8 barres • Préparation : 15 min • Cuisson : 15 min • Réfrigération : 3 h]

60 g de beurre salé • 7 Goûters Fourrés BN® goût chocolat-noisette • 15 cl de crème liquide entière • 300 g de chocolat noir • pralin en poudre

1. Préchauffez le four à 180 °C (therm. 6). Beurrez l'intérieur d'un moule de 20 x 20 cm et tapissez-le de papier sulfurisé. **2.** Faites fondre le beurre salé. Mixez les BN et mélangez-les avec le beurre fondu. Répartissez cette préparation dans le fond du moule et tassez bien, puis enfournez pour 15 min. Réservez. **3.** Dans une casserole, portez la crème à ébullition. Pendant ce temps, hachez le chocolat et placez-le dans un saladier. Versez la crème bouillante sur le chocolat et mélangez doucement avec une cuillère jusqu'à ce que la ganache soit bien lisse. Étalez dans le moule sur la pâte de BN, laissez refroidir et placez au réfrigérateur pour 3 h. **4.** Une fois que la ganache commence à prendre, parsemez le dessus de pralin en poudre. Démoulez délicatement et détaillez le gâteau en barres individuelles.

Variante : Pour une saveur plus raffinée, ajoutez de la fève tonka à la ganache.

Eton mess aux Mini BN fraise

[Pour 6 verrines • Préparation : 30 min • Cuisson : 1 h]

1 gousse de vanille • 40 cl de crème liquide entière bien froide • 40 g de sucre glace • 250 g de fraises • 12 Goûters Fourrés Mini BN® goût fraise • Pour les meringues : 3 blancs d'œufs • 100 g de sucre en poudre • 100 g de sucre glace • Pour le coulis : 250 g de fruits rouges frais ou surgelés • 4 c. à soupe de sucre en poudre

1. Préparez les meringues. Préchauffez le four à 90 °C (therm. 3). Battez les blancs d'œufs en neige. À mi-parcours, versez le sucre en poudre. Une fois la meringue montée, ajoutez le sucre glace. Avec une poche à douille, formez des petits tas sur une plaque de cuisson recouverte de papier sulfurisé et enfournez pour 1 h. Laissez refroidir les meringues dans le four éteint. **2.** Pendant ce temps, préparez le coulis. Versez les fruits rouges et le sucre dans une casserole et portez à ébullition tout en écrasant les fruits avec une cuillère. Filtrez le jus, puis faites-le réduire environ 3 minutes à feu moyen. Réservez au frais. **3.** Fendez la gousse de vanille en deux dans le sens de la longueur et prélevez les graines avec la pointe d'un couteau. Battez la crème en chantilly bien ferme avec le sucre glace et les graines de vanille. Émiettez les meringues. Coupez les fraises en deux. Répartissez la moitié de la chantilly dans le fond de 6 verrines, parsemez de Mini BN, de fraises et de brisures de meringue. Répétez l'opération et versez du coulis sur chaque verrine. Servez aussitôt.

Cake pops aux « Choco BN » et au chocolat

[Pour 12 cake pops • Préparation : 30 min • Cuisson : 10 min • Réfrigération : 1 h 15]

5 Goûters Fourrés BN® goût chocolat • 350 g de quatre-quarts • 110 g de fromage frais (type St Môret®) • 200 g de chocolat au lait • billes de sucre colorées (au supermarché)

1. Mixez les BN et le quatre-quarts à l'aide d'un robot pour les réduire en miettes fines. Dans un saladier, mélangez les miettes avec le fromage frais jusqu'à l'obtention d'une pâte homogène. Façonnez des boules d'environ 2 cm de diamètre en les roulant dans la paume de la main et placez-les au réfrigérateur pendant 15 min pour les raffermir. **2.** Pendant ce temps, faites fondre doucement le chocolat au bain-marie. Versez-le dans un bol, trempez le bout d'un bâtonnet dedans, puis piquez-le dans une boule de pâte. Trempez ensuite la boule dans le chocolat fondu pour la recouvrir entièrement et tapotez doucement le bâtonnet pour enlever l'excédent de chocolat. Sans attendre, parsemez de billes de sucre colorées et plantez la sucette sur un bloc de polystyrène pour la maintenir debout. **3.** Répétez ces opérations avec toutes les boules de pâte jusqu'à épuisement des ingrédients. Placez les cake pops au réfrigérateur pendant 1 h.

Caramels mous aux Mini BN chocolat

[Pour 9 caramels • Préparation : 5 min
• Cuisson : 15 min • Repos : 2 ou 3 h]

80 g de crème liquide entière • 250 g de sucre en poudre
• 80 g de beurre salé • une pincée de fleur de sel
• 9 Goûters Fourrés Mini BN® goût chocolat

1. Beurrez un moule de 20 x 20 cm de côté et tapissez-le de papier sulfurisé. **2.** Faites chauffer la crème sans la faire bouillir. Dans une casserole, faites chauffer le sucre en poudre à feu vif jusqu'à ce qu'il prenne une coloration de caramel bien doré. Ajoutez alors la crème chaude tout en remuant constamment. Une fois que la crème est bien incorporée, retirez la casserole du feu, puis ajoutez le beurre salé coupé en petits morceaux et la fleur de sel. Mélangez bien, remettez sur le feu jusqu'à ce que le caramel atteigne une température de 125 °C et versez aussitôt ce mélange dans le moule. **3.** Déposez les Mini BN sur la surface du caramel en les enfonçant un peu mais sans les immerger totalement. Laissez refroidir à température ambiante pendant 2 ou 3 h. Une fois le caramel refroidi, découpez-le en carrés autour des Mini BN pour former des bonbons.

Crème express aux « Choco BN » et à la vanille

[Pour 4 à 6 personnes • Préparation : 5 min • Cuisson : 5 min]

6 Goûters Fourrés BN® goût chocolat • 55 cl de lait • 1 gousse de vanille • 25 g de fécule de maïs • 1 jaune d'œuf • 40 g de cacao en poudre

1. Imbibez très légèrement les BN avec 5 cl de lait et tapissez le fond d'un moule avec. **2.** Fendez la gousse de vanille en deux dans le sens de la longueur et prélevez les graines avec la pointe d'un couteau. Mettez la gousse et les graines de vanille dans une casserole avec 30 cl de lait et faites chauffer. Mélangez la fécule de maïs avec le reste de lait et le jaune d'œuf. Quand le lait commence à bouillir, ajoutez le mélange froid en fouettant sans arrêt. Versez cette crème dans le moule dès la reprise de l'ébullition. **3.** Laissez refroidir et saupoudrez de cacao en poudre.

Variante : Pour un parfum plus subtil, laissez infuser de la cardamome à la place de la vanille dans la crème.

Mini BN chocolat enrobés de chocolat blanc et d'amandes

[Pour 20 mini BN enrobés • Préparation : 5 min • Cuisson : 15 min • Réfrigération : 20 min]

80 g d'amandes entières • 200 g de chocolat blanc • 20 Goûters Fourrés Mini BN® goût chocolat

1. Hachez grossièrement les amandes et faites-les dorer légèrement à sec dans une poêle. **2.** Faites fondre le chocolat blanc doucement au bain-marie. Ajoutez les amandes torréfiées dans le chocolat fondu. **3.** Trempez les Mini BN un à un dans le chocolat aux amandes et déposez-les sur une plaque de cuisson recouverte de papier sulfurisé. Placez les Mini BN au réfrigérateur pendant 20 min pour que le chocolat durcisse.

Variante : Vous pouvez remplacer les amandes par toutes sortes de fruits secs comme des noix de pécan, des noisettes, de la noix de coco en poudre…

Lunettes aux « Choco BN »

[Pour 4 à 6 personnes • Préparation : 20 min • Cuisson : 10 min • Réfrigération : 45 min]

250 g de confiture de fraise • Pour la pâte : 12 Goûters Fourrés BN® goût chocolat • 180 g de farine • 35 g de sucre en poudre • 1 pincée de sel • 120 g de beurre • 1 œuf • sucre glace

1. Préparez la pâte. Mixez les BN à l'aide d'un robot. Placez les miettes obtenues dans un saladier avec la farine, le sucre en poudre, le sel et le beurre coupé en petits morceaux. Malaxez jusqu'à obtenir une pâte de consistance sablée. Ajoutez l'œuf et mélangez jusqu'à ce que la pâte soit bien lisse. Formez une boule, enveloppez-la de film alimentaire et placez-la au réfrigérateur pendant 30 min. **2.** Préchauffez le four à 180 °C (therm. 6). Étalez la pâte et découpez-la en disques à l'aide d'un emporte-pièce cannelé. Sur la moitié de ces disques, évidez le centre à l'aide d'un emporte-pièce plus petit en forme de rond, de cœur, d'étoile, ou de toute autre forme de votre choix. Placez les disques pleins et les disques évidés sur une plaque de cuisson recouverte de papier sulfurisé et enfournez pour environ 10 min. **3.** Montez les lunettes en posant 1 cuillerée à café de confiture de fraise sur les disques pleins, saupoudrez de sucre glace les disques évidés et assemblez.

Cheesecake aux « Choco BN » et Passion

[Pour 6 à 8 parts • Préparation : 30 min • Cuisson : 1 h 05 min • Réfrigération : 1 nuit]

Pour la base : 10 Goûters Fourrés BN® goût chocolat • 70 g de beurre • Pour la garniture : 600 g de fromage frais à température ambiante (type St Môret®) • 80 g de sucre en poudre • 2 c. à soupe de farine • 3 œufs 1 c. à soupe d'extrait de vanille • Pour le coulis : 4 fruits de la Passion • 4 c. à soupe de sucre en poudre

1. Préparez la base. Beurrez l'intérieur d'un moule à manqué et tapissez le fond de papier sulfurisé. Mixez les BN à l'aide d'un robot pour les réduire en miettes. Faites fondre le beurre dans une casserole et mélangez-le aux miettes de BN. Répartissez la préparation dans le fond du moule, tassez bien, puis réservez au frais. **2.** Préchauffez le four à 160 °C (therm. 5-6). Dans un saladier, mélangez le fromage frais, le sucre en poudre et la farine. Ajoutez les œufs un à un, puis l'extrait de vanille et mélangez rapidement. Versez cette préparation dans le moule et enfournez pour 60 min ou jusqu'à ce que le centre du cheesecake soit légèrement tremblotant. Laissez refroidir à température ambiante avant de placer au réfrigérateur toute une nuit. **3.** Pendant la cuisson, préparez le coulis. Placez la pulpe des fruits de la Passion et le sucre dans une casserole et portez à ébullition pendant 5 min. Réservez au réfrigérateur. **4.** Le lendemain, fouettez légèrement le coulis pour le lisser et versez-le sur le cheesecake démoulé.

Marshmallows maison aux « Choco BN »

[Pour 4 à 6 personnes • Préparation : 20 min • Cuisson : 1 min • Réfrigération : 2 h]

25 g de fécule de maïs • 25 g de sucre glace • 10 g de gélatine (soit environ 5 feuilles) • 1 ½ c. à soupe d'extrait de vanille • 60 g de blancs d'œufs (soit environ 2 blancs) • 250 g de sucre en poudre • 12 Goûters Fourrés BN® goût chocolat

1. Beurrez un moule à brownie et tapissez-le de papier sulfurisé. Dans un bol, mélangez la fécule de maïs avec le sucre glace et tapissez le fond du moule avec un peu de ce mélange. **2.** Faites ramollir la gélatine dans un bol d'eau froide. Dans une casserole, faites bouillir l'extrait de vanille. Hors du feu, faites fondre la gélatine essorée dedans. Dans une casserole, faites chauffer le sucre en poudre avec 10 cl d'eau. **3.** Pendant que le sucre cuit, battez les blancs d'œufs en neige pas trop ferme. Quand le sucre atteint la température de 120 °C, retirez la casserole du feu, incorporez la gélatine fondue, puis versez le tout en petit filet sur les blancs d'œufs tout en continuant de fouetter jusqu'à complet refroidissement. Versez la pâte dans le moule à brownie et lissez rapidement la surface avec une spatule. Placez le moule au réfrigérateur pendant 2 h. **4.** Mixez les BN à l'aide d'un robot. Saupoudrez le plan de travail du reste du mélange fécule de maïs-sucre glace et démoulez la plaque de marshmallow dessus. Découpez celle-ci en carrés, puis roulez-les dans les miettes de BN pour les recouvrir.

Tartelettes aux « Choco BN », chocolat, caramel

[Pour 6 tartelettes • Préparation : 40 min
• Cuisson : 25 min • Réfrigération : 1 h 30]

Pour la pâte : 12 Goûters Fourrés BN® goût chocolat • 180 g de farine • 35 g de sucre en poudre • 1 pincée de sel • 120 g de beurre • 1 œuf • Pour le caramel au beurre salé : 200 g de sucre en poudre • 20 cl de crème liquide entière • 75 g de beurre salé • Pour la ganache : 30 cl de crème liquide entière • 250 g de chocolat noir

1. Préparez la pâte. Mixez les BN. Placez-les dans un saladier avec la farine, le sucre, le sel et le beurre coupé en petits morceaux. Malaxez jusqu'à obtenir une consistance sablée. Ajoutez l'œuf et mélangez jusqu'à ce que la pâte soit lisse. Formez une boule, enveloppez-la de film alimentaire et mettez 30 min au frais. **2.** Préchauffez le four à 180 °C (therm. 6). Beurrez et farinez six moules à tartelettes. Étalez la pâte et garnissez-en dans les moules. Enfournez pour 15 min. **3.** Pendant ce temps, préparez le caramel. Chauffez le sucre et 10 cl d'eau dans une casserole. Dans une autre casserole, réchauffez légèrement la crème. Dès que le caramel devient doré, ajoutez la crème chaude en remuant sans cesse, puis le beurre salé, toujours en remuant. Versez dans les moules. Placez au frais pour 30 min. **4.** Préparez la ganache. Hachez le chocolat. Dans une casserole, portez la crème à frémissements. Hors du feu, ajoutez le chocolat et remuez, puis versez le beurre coupé en morceaux jusqu'à obtenir une ganache bien lisse. Versez sur le caramel. Placez au frais pour 30 min.

Yaourts glacés à la mangue et aux Mini BN chocolat

[Pour 4 yaourts • Préparation : 10 min • Cuisson : 5 min • Congélation : 30 min]

4 yaourts natures de 125 g chacun • 400 g de mangue surgelée en morceaux • 4 c. à soupe de sucre glace • le jus de 1/2 citron • 6 Goûters Fourrés Mini BN® goût chocolat • Pour la sauce au chocolat : 20 cl de crème liquide entière • 100 g de chocolat noir

1. Placez les yaourts au congélateur 30 min avant de réaliser la glace. **2.** Pendant ce temps, préparez la sauce chocolat. Portez la crème à ébullition et versez-la sur le chocolat cassé en morceaux. Mélangez pour obtenir une crème homogène. **3.** Mixez les yaourts glacés avec les morceaux de mangue, le sucre glace et le jus de citron à l'aide d'un robot. Répartissez ce mélange dans des bols, nappez de sauce au chocolat et parsemez de Mini BN coupés en morceaux. Servez sans attendre.

Brownie au chocolat, aux noix et aux BN vanille

[Pour 6 à 8 parts • Préparation : 15 min • Cuisson : 45 à 55 min • Réfrigération : 2 h]

225 g de beurre • 250 g de chocolat noir à dessert • 80 g de noix • 4 Goûters Fourrés BN® goût vanille • 300 g de sucre en poudre • 40 g de farine • 60 g de cacao en poudre • 4 œufs • 2 c. à café d'extrait de vanille

1. Préchauffez le four à 180 °C (therm. 6). Beurrez un moule à brownie et tapissez-le de papier sulfurisé. **2.** Faites fondre le beurre dans une petite casserole. Pendant ce temps, hachez le chocolat en petits morceaux et réservez. Hachez les noix et les BN. **3.** Dans un grand saladier, mélangez le sucre en poudre, la farine, les BN, les noix hachées et le cacao en poudre. Creusez un puits au centre et ajoutez-y le chocolat haché. Versez le beurre fondu sur le chocolat et mélangez pour obtenir une pâte homogène. Ajoutez les 4 œufs légèrement battus et l'extrait de vanille, puis mélangez de nouveau. Versez la pâte dans le moule et enfournez pour 40 à 50 min. Laissez refroidir à température ambiante, puis placez au réfrigérateur pendant 2 h avant de déguster.

Banana cake aux Mini BN chocolat

[Pour 4 à 6 personnes • Préparation : 10 min • Cuisson : 50 min]

4 bananes bien mûres • 80 g de beurre • 80 g de sucre en poudre • 180 g de farine • 2 c. à café de levure chimique • 1/2 c. à café de bicarbonate de soude • 1 pincée de sel • 1 œuf • 8 Goûters Fourrés Mini BN® goût chocolat

1. Préchauffez le four à 170 °C (therm. 5-6). Beurrez et farinez un moule à cake. Épluchez et écrasez les bananes avec une fourchette. **2.** Dans un saladier, battez le beurre coupé en petits morceaux et le sucre à l'aide d'un fouet. Ajoutez la moitié de la farine, la levure, le bicarbonate de soude et le sel, puis mélangez. Versez l'œuf, remuez pour l'incorporer, puis ajoutez le reste de farine et les BN. Mélangez rapidement, versez la pâte dans le moule et enfournez pour 50 min environ.

Astuce : Vérifiez la cuisson en insérant la lame d'un couteau dans le cake, elle doit ressortir sèche. Sinon, prolongez la cuisson de 5 min.

Panna cotta au crumble de « Choco BN »

[Pour 4 panna cotta • Préparation : 25 min • Cuisson : 25 min • Réfrigération : 2 h]

1 gousse de vanille • 1/2 citron • 2 feuilles de gélatine • 40 cl de crème liquide entière • 30 g de sucre en poudre • Pour le crumble : 35 g de beurre • 5 Goûters Fourrés BN® goût chocolat • Pour le caramel : 100 g de sucre en poudre • 100 g de crème liquide entière • 15 g de beurre salé

1. Fendez la gousse de vanille en deux dans le sens de la longueur et prélevez les graines à l'aide de la pointe d'un couteau. Prélevez le zeste du citron et plongez la gélatine dans un bol d'eau froide. **2.** Dans une casserole, faites frémir la crème. Hors du feu, ajoutez la gousse de vanille et les graines, le zeste du citron, le sucre et la gélatine essorée. Fouettez la préparation et versez-la dans des moules individuels ou dans des ramequins. Laissez refroidir puis placez les panna cotta au réfrigérateur pour 2 h. **3.** Pendant ce temps, préparez le crumble de BN. Préchauffez le four à 180 °C (therm. 6). Dans une casserole, faites fondre le beurre. Mixez les BN, ajoutez le beurre et mélangez bien. Étalez ce mélange sur une plaque recouverte de papier sulfurisé et enfournez pour 15 min. Laissez refroidir. **4.** Avant de servir, préparez le caramel. Faites chauffer le sucre et 3 cl d'eau dans une casserole. Simultanément, réchauffez légèrement la crème. Dès que le caramel devient doré, ajoutez la crème chaude en remuant sans cesse, puis le beurre, toujours en remuant. **5.** Démoulez les panna cotta, nappez-les de caramel et parsemez de crumble émietté.

Cookies de BN chocolat-noisette, chocolat noir et vanille

[Pour 12 cookies • Préparation : 10 min • Cuisson : 15 min • Repos : 15 min]

100 g de beurre ramolli • 50 g de sucre en poudre • 60 g de cassonade • 1 c. à café d'extrait de vanille • 1 œuf • 120 g de farine • 1/4 c. à café de levure chimique • 1 pincée de sel • 150 g de chocolat noir • 8 Goûters Fourrés BN® goût chocolat-noisette

1. Préchauffez le four à 160 °C (therm. 5-6). **2.** Fouettez le beurre, le sucre, la cassonade et l'extrait de vanille dans un saladier jusqu'à ce que le mélange blanchisse. Ajoutez l'œuf et mélangez. Versez ensuite la farine, la levure et le sel, puis mélangez pour obtenir une pâte homogène. **3.** Hachez le chocolat et les BN chocolat-noisette. Ajoutez-les à la pâte et mélangez rapidement, sans trop remuer. **4.** Formez des petites boules de pâte et déposez-les sur une plaque recouverte de papier sulfurisé en les espaçant bien. Aplatissez les boules légèrement et enfournez pour 15 min environ, jusqu'à ce que les cookies soient bien dorés. **5.** Sortez les cookies du four et laissez-les refroidir 15 min sur une grille avant de les décoller.

Nougat glacé aux BN fraise et pistaches

[Pour 6 à 8 personnes • Préparation : 25 min • Cuisson : 10 min • Congélation : 1 nuit]

3 blancs d'œufs • 1 pincée de sel • 40 g de sucre en poudre • 3 c. à soupe de miel • 30 cl de crème liquide entière bien froide • 80 g de pistaches mondées • 12 Goûters Fourrés BN® goût fraise • 50 g de fraises confites

1. Tapissez un moule à cake de film alimentaire. Battez les blancs d'œufs en neige presque ferme avec la pincée de sel. **2.** Dans une casserole, à l'aide d'un thermomètre de cuisson, faites chauffer le sucre en poudre et le miel jusqu'à ce que le mélange atteigne 120 °C. Versez le sucre cuit en petit filet sur les œufs en neige tout en continuant de battre, jusqu'à ce que le mélange refroidisse. Battez la crème liquide pour la monter en chantilly ferme. Ajoutez-la très délicatement au mélange sucre et œufs. **3.** Hachez 50 g de pistaches et les BN, coupez les fraises confites en petits dés, puis ajoutez-les au mélange. Versez dans le moule et mettez au congélateur toute une nuit. Le lendemain, démoulez et parsemez du reste de pistaches hachées.

Variante : Remplacez les fraises par des cranberries séchées ou des cerises confites.

Florentins à l'ananas confit et aux BN fraise

[Pour 10 florentins environ • Préparation : 15 min • Cuisson : 15 min • Réfrigération : 20 min]

4 Goûters Fourrés BN® goût fraise • 100 g d'ananas confit • 80 g de sucre en poudre • 30 g de miel • 60 g de crème liquide entière • 40 g d'amandes effilées • 150 g de chocolat

1. Préchauffez le four à 200 °C (therm. 6-7). Beurrez des cercles à bords hauts et placez-les sur une plaque de cuisson recouverte de papier sulfurisé. Concassez les BN et coupez l'ananas en petits dés. **2.** Dans une casserole, faites chauffer le sucre et le miel pour faire un caramel. Pendant ce temps, réchauffez doucement la crème dans une autre casserole. Quand le caramel devient doré, retirez du feu et ajoutez la crème chaude en mélangeant vivement pour bien l'incorporer. Ajoutez aussitôt les morceaux de BN, les amandes effilées et les dés d'ananas confit. Versez le mélange dans les cercles. **3.** Enfournez pour 5 min ou jusqu'à ce que les florentins aient pris une belle couleur dorée. Sortez du four et laissez refroidir. Démoulez délicatement les florentins. **4.** Faites fondre le chocolat au bain-marie. Une fois que les florentins sont refroidis, trempez leur base dans le chocolat fondu et déposez-les sur du papier sulfurisé. Placez au frais pour que le chocolat fige.

Sablés bretons aux BN vanille et crème citronnée

[Pour 6 sablés environ • Préparation : 15 min • Cuisson : 25 min • Réfrigération : 30 min]

Pour les sablés : 10 Goûters Fourrés BN® goût vanille • 120 g de beurre salé ramolli • 120 g de sucre en poudre • 1 pincée de sel • 1 jaune d'œuf • 150 g de farine • Pour la crème citronnée : 60 g de sucre en poudre • le zeste de 1 citron • le jus de 4 citrons • 1 œuf • 100 g de mascarpone

1. Préparez les sablés. Mixez les BN. Battez le beurre salé avec le sucre et le sel. Ajoutez le jaune d'œuf sans cesser de battre. Incorporez la farine et les BN mixés et malaxez à la main pour former une pâte homogène. Placez au réfrigérateur pour 30 min. **2.** Préchauffez le four à 170 °C (therm. 5-6). Étalez la pâte sur environ 1 cm d'épaisseur et découpez-la en ronds à l'aide de cercles à pâtisserie de 7 cm de diamètre. Déposez les cercles avec la pâte sur une plaque de cuisson recouverte de papier sulfurisé et enfournez pour 15 min. À la sortie du four, décollez délicatement les sablés des cercles. **3.** Préparez la crème citronnée. Mélangez le sucre, l'œuf, le zeste et le jus de citron, puis chauffez ce mélange au bain-marie en fouettant sans arrêt jusqu'à ce qu'il épaississe. Hors du feu, ajoutez le mascarpone et mélangez bien. **4.** Couvrez les sablés de crème au citron.

Muesli croquant aux « Choco BN »

[Pour 4 à 6 personnes • Préparation : 5 min • Cuisson : 50 min à 1 h 05]

30 cl de miel • 10 cl d'huile de tournesol • 40 g de cassonade • 50 g d'amandes entières • 4 Goûters Fourrés BN® goût chocolat • 300 g de flocons d'avoine • 100 g de graines de courge • 50 g de graines de sésame • 50 g de graines de tournesol • 25 g de raisins secs • fromage blanc ou faisselle

1. Préchauffez le four à 150 °C (therm. 5). **2.** Dans une casserole, portez à ébullition le miel, l'huile et la cassonade. Pendant ce temps, hachez les amandes et les BN. **3.** Dans un saladier, mettez toutes les graines, les amandes et les BN hachés, versez la préparation liquide et mélangez bien. Étalez la pâte obtenue de façon uniforme sur une plaque recouverte de papier sulfurisé et enfournez pour 45 min à 1 h, jusqu'à ce que le muesli soit bien doré. **4.** Laissez refroidir, concassez et servez accompagné de miel et de fromage blanc ou de faisselle pour un petit déjeuner gourmand.

Roses des sables aux « Choco BN »

[Pour 4 à 6 personnes • Préparation : 5 min • Cuisson : 10 min • Réfrigération : 20 min]

200 g de chocolat noir • 4 Goûters Fourrés BN® goût chocolat • 100 g de corn flakes

1. Faites fondre doucement le chocolat au bain-marie. Coupez les BN en petits morceaux. **2.** Dans un saladier, mélangez les corn flakes, les BN et le chocolat fondu. Formez des petits tas avec une cuillère et déposez-les sur une plaque recouverte de papier sulfurisé. Placez les roses des sables au réfrigérateur pendant 20 min pour les faire sécher.

Crumble aux fruits, noix de coco et « Choco BN »

[Pour 4 à 6 personnes • Préparation : 10 min • Cuisson : 40 min • Réfrigération : 1 h]

4 Goûters Fourrés BN® goût chocolat • 3 poires • 150 g de fruits rouges (framboises, myrtilles, groseilles) • 40 g de sucre en poudre • 75 g de farine • 80 g de cassonade • 60 g de noix de coco en poudre • 150 g de beurre ramolli

1. Préchauffez le four à 180 °C (therm. 6). Coupez les BN en morceaux. **2.** Épluchez, épépinez et coupez en morceaux les poires. Placez-les dans un bol avec les fruits rouges et le sucre en poudre, mélangez et laissez macérer au réfrigérateur pendant 1 h. **3.** Dans un saladier, mélangez la farine, les morceaux de BN, la cassonade et la noix de coco en poudre. Ajoutez le beurre mou coupé en petit morceaux et mélangez en effritant avec les doigts pour créer des miettes. **4.** Disposez les fruits macérés dans le fond d'un plat à gratin et parsemez de pâte à crumble. Enfournez pour 40 min.

Conseil : Si, en cours de cuisson, le crumble se colore trop vite, recouvrez-le d'une feuille d'aluminium.

®

TABLE DES ÉQUIVALENCES FRANCE-CANADA

Poids	55 g	100 g	150 g	200 g	250 g	300 g	500 g	750 g	1 kg
	2 onces	3,5 onces	5 onces	7 onces	9 onces	11 onces	18 onces	27 onces	36 onces

Ces équivalences permettent de calculer le poids à quelques grammes près (en réalité, 1 once = 28 g).

Capacités	5 cl	10 cl	15 cl	20 cl	25 cl	50 cl	75 cl
	2 onces	3,5 onces	5 onces	7 onces	9 onces	17 onces	26 onces

Pour faciliter la mesure des capacités, une tasse équivaut ici à 25 cl (en réalité, 1 tasse = 8 onces = 23 cl).

Photogravure Les PAOistes, Villeneuve d'Ascq
Imprimé en Chine par Starlite Development Ltd
Dépôt légal : août 2013
311053/01 – 11021486 – mai 2013